日本人なら知っておきたい

日本の神話九選

高千穂神社宮司
後藤俊彦

致知出版社

まえがき

日本の神話を知るほど、日本人は幸せになる

美しく、豊かな神話を持っている国民は、神話と同じように、美しく、豊かな国民性を持っているものです。

日本人はまさに、そのような国民と言えるでしょう。

私たち日本人は、壮大で、素晴らしい日本の神話に触れることで、美しく、豊かな国民性をさらに磨くことができるのです。日本の神話を読むということは、ある意味、日本の神様と結ばれることとも言えます。私たちは、日本の神話を知れば知るほど、強く、優しく、たくましく、安らかに生きることができるのです。

最近、この国で、不幸な事件が増えているのは、日本の神話を知らない日本人、忘れている日本人が増えているからなのかもしれません。であれば、今こそ、日本

人が、日本の神話を読むべき時だと言えるでしょう。

ただ、『日本書紀』や『古事記』などの神話を読むのは、なかなか大変なことです。この本では、宮司の私が、現代の日本の人たちに、最低限知ってほしい日本の神話を九つ選んで、読みやすく、わかりやすく紹介しました。

「天照大神《アマテラスオオカミ》」から「稲羽《いなば》の白菟《しろうさぎ》」「日本武尊《ヤマトタケルノミコト》」まで、この本で紹介した九つの神話は有名なものばかりです。どれも短い話ですので、簡単に何度でも読むことができます。日本の神様のことはもちろん、日本の風土、伝統、さらには「日本人の原点」といったものが、だんだんとわかってくるに違いありません。

日本の神話を知るほどに、日本人は幸せになる。

この本で、九つの神話に親しんでいるうちに、誰もが、そのことに気づかれるでしょう。

高千穂神社宮司　後藤俊彦

日本人なら知っておきたい日本の神話九選　もくじ

1章

「天地の初め・国生み」のお話

◆日本という国は、どうやって誕生したの？

2章

「天岩戸開き」のお話

3章

「八俣大蛇《やまたのおろち》」のお話

4章

「稲羽《いなば》の白菟《しろうさぎ》」のお話

◆日本の「国づくり」は、こうして始まりました

5章

「国譲り」のお話

6章

「天孫降臨」のお話

7章

「海幸彦、山幸彦」のお話

◆海の幸と山の幸、この国が豊かな理由

8章

「神武東征と日本建国」のお話

◆「神々の時代」から、ついに「天皇の時代」へ！

9章

「日本武尊《ヤマトタケルノミコト》」のお話

◆日本神話・最大の英雄が登場します！

装幀／秦 浩司
装画・挿画／池田衣絵
DTP／廣瀬梨江

1章

「天地の初め・国生み」のお話

◆日本という国は、どうやって誕生したの?

伊邪那岐命・伊邪那美命という男女の神様、知っていますか?

はるかなる、遠いむかしのお話です。

この世界は、天と地がいまだ分かれておらず、ものはみな、深い霧のようなものにつつまれて、漂《ただよ》っていました。

その霧の中から、軽く澄み陽《あき》らかなるものは、たなびきて天となり、重《おも》く濁《にご》れるものは、しずんで地となり、天と地に分かれていきました。

やがて、天のおく深く、宇宙をつかさどる天御中主神《アメノミナカヌシノカミ》を中心に、高御産巣日神《タカミムスビノカミ》、神産巣日神《カミムスビノカミ》という万物をむすびつける神々が現れます。

そして、浮脂《うきあぶら》のような大地の中から萌《も》え出《いず》る葦芽《あしかび》のように、国常立神《クニトコタチノカミ》や豊雲野神《トヨクモヌノカミ》をはじめ多くの神々が生まれてきました。

やがて、陰陽の性質をもつ伊邪那岐命《イザナギノミコト》・伊邪那美命《イザナミノミコト》という男女二柱《ふたはしら》の神が生まれます。

そこで天神《アマツカミ》は、この二神に、美しい玉飾りのついた天《あめ》沼矛《のぬぼこ》という矛（長柄の槍）を与え、「クラゲのように漂える国を、立派につくりかためなさい」と命じられたのです。

使命を受けた伊邪那岐命と伊邪那美命は、天と地をつなぐ大空にかかる天浮橋《あめのうきはし》に立ち、渦《うず》まきながら流れて漂う海に、天沼矛をさしおろしました。そして、こおろ、こおろと、かきまわし、矛をひきあげると、潮のしずくがしたたり落ち、積み重なって於能凝呂島《おのころじま》という島が生まれたのです。

二柱の神はその島に降り立つと、そこに大きな柱をた

矛から潮にしずくが落ちて、島が生まれました

て、八尋《やひろ》に及ぶ広く立派な御殿をつくり、柱を中心にして伊邪那岐命は左側から、伊邪那美命は右側から柱をまわりました。

伊邪那美命の方から、

「あら、なんと素晴らしい男神《おがみ》でしょう」と声をかけ、それに応えた伊邪那岐命も「あなたはなんと美しい女神《めがみ》なんだろう」

と呼び合ったのです。

日本の誕生――まずは淡路島が、そして、次に四国が生まれました

二柱《ふたはしら》の神には、それぞれに「余ったところ」と「足りないところ」があり、それを補《おぎな》って国生みをなされました。

しかし、この愛から生まれたのは、蛭子《ひるこ》という未熟児だったのです。二神は蛭子を葦《あし》で作った船に乗せて流してしまわれました。次に生まれた淡島《あわしま》という島も、蛭子

と同じように子供の数に入れない島でありました。

そこで二神は天上の世界に住む神々にその理由をうかがうと、神々は〝太占《ふとまに》〟という占いをなさり、あらためて「女性の伊邪那美命《イザナミノミコト》が最初に声をかけてはならない。男性の伊邪那岐命《イザナギノミコト》の方から先に言葉をかけるように」

とお答えになったのです。

そこで八尋殿《やひろでん》に戻った伊邪那岐命がまず先に、伊邪那美命の美しさに感動して、相手を称《たた》える言葉をかけられました。

すると、淡路島が生まれ、ついで一つにして面《おも》が四つある伊予《いよ》の二名《ふたな》の島（現在の四国）、隠岐《おき》の三つ子の島、筑紫の島（九州）、壱岐島、対馬、佐渡の島々をはじめ大倭豊秋津島《おおやまととよあきつしま》（本州）などの多くの島々が生まれました。

そこから大八島国《おおやしまぐに》と呼ばれる日本の国が生まれてきたのです。

さらに伊邪那岐命・伊邪那美命は海、山、川、風、水、岩、木、草花、人々など自然界にありとあらゆる八百万《やおよろず》の神々をお生みになりました。

この世のものとは思えぬほど醜い姿になった、伊邪那美命のお話

しかしながら、伊邪那美命《イザナミノミコト》は、最後に火の神をお生みになられたために大火傷《おおやけど》を負います。そして、その火傷のために世を去られてしまったのです。

火の神のために妻を死なせた伊邪那岐命《イザナギノミコト》の目から、涙がこぼれて泣澤女《ナキサワメ》の神が生まれ、その涙は川となって海に流れ、川の精が生まれました。妻の死の悲しみと怒り

で伊邪那岐命が剣を抜いて火の神の首を斬ると、飛び散る血走《ちばしり》から雷神《イカヅチノカミ》が生まれたと言います。

いまだ二神による国づくりが終わらず、妻の死を諦《あきら》めきれない伊邪那岐命は、伊邪那美命のいる黄泉《よみ》の国（死者の国）を訪れて還《かえ》ってくるよう懇願されました。しかし、すでに黄泉の国の住人となっていた伊邪那美命は、黄泉の神と相談するために決して内部《なか》をのぞかないようにと言い残してその場を離れました。

長い時間が経《た》ち、待ちかねた伊邪那岐命が櫛《くし》の男柱《おばしら》を一つとり、火をともして殿内《なか》をのぞいたところ、伊邪那美命はこの世のものとは思えぬ恐ろしく醜い姿になっていたのです。変りはてた姿をみられた伊邪那美命は恥しさと激しい怒りで、恐ろしさに逃げ出した伊邪那岐命を黄泉の国の醜女《しこめ》と軍隊をつかわして、どこまでもどこまでも追いかけてきます。

伊邪那岐命がこの世と黄泉の国の境にある坂（黄泉《よもつ》比良坂《ひらさか》）に着いたとき、一本の桃の木がありました。伊邪那岐命が神聖なその実を三つとって投げつけたところ、黄泉の国の醜女と軍隊はようやく逃げ帰っていきました。

伊邪那岐命、「国生みのお仕事」を終えられる

桃の実の神秘的な力に感動して伊邪那岐命はその桃に意富加牟豆美命《オホカムヅミノミコト》と命名され、黄泉の国と現世《うつしよ》を千引岩《ちびきいわ》でふさがれました。

そこへみずから追いかけてきた伊邪那美命が、

「かくしたまへば今日よりあなたの国の人々を一日千人くびき殺さむ」

と言うと、伊邪那岐命は、

「吾は一日、千五百《ちいほ》の産屋《うぶや》を立てむ」

と応えられました。それよりこの世では一日に千人の人が死に、一日に千五百人の人が生まれるようになったとのことです。

黄泉の国を脱出し、橘《たちばな》の小戸《おど》の川辺に辿《たど》り着いた伊邪那岐命は、川の中つ瀬に立ち、身につけているものをすべて脱ぎ捨てて、黄泉の国の穢《けが》れを祓《はら》い清められました。

すると、伊邪那岐命の左の眼からは、眩《まぶ》しく光り輝く太陽のような日の神・天照大神《アマテラスオオカミ》が生まれ、右の眼からは、清くまどかな月の神・月読命《ツキヨミノミコト》が、そして鼻からは、力にみちた須佐之男命《スサノオノミコト》が誕生したのです。

伊邪那美命と共にたくさんの神を生み続けたはてに伊邪那岐命は、三貴子《ミハシラノウズノミコ》を得たのです。

そして、天照大神は高天原《たかまがはら》（神々が住む世界）にあって天上の世界を治めるように、月読命は夜の世界を照らし、須佐之男命は青海原を治めるようにと命じて、伊邪那岐命は国生みの仕事を終えられました。

2章

「天岩戸開き」のお話

◆こうして太陽と月は、離れて暮らすようになりました

日の神・天照大神を怒らせた海原の神・須佐之男命の乱暴

伊邪那岐命《イザナギノミコト》のみそぎによって生まれた三貴子《ミハシラノウズノミコ》は、それぞれに父神の命《めい》を受けていました。

天照大神《アマテラスオオカミ》は、光輝く大神として天地をくまなく照らします。

月読命《ツキヨミノミコト》は、漆黒の闇夜を清らかな光でおさめます。

ただ、須佐之男命《スサノオノミコト》だけは、父のみのひとり子に耐えられず母なる神が恋しく思われて、海原を統治せよという命に逆《さか》らい、亡き母のいる根の国（黄泉《よみ》の国）を慕って泣き叫びました。

須佐之男命は根の国に行く前に天照大神に別れを告げようと高天原《たかまがはら》に昇りましたが、そのために大地は激しく揺れ、涙で青山は枯れ、草木はしぼんでしまいました。

そのため天照大神は、須佐之男命が治めるべき国を捨てこの所を奪うためにやってきたとお思いになり、自ら武装して訪れてきた理由を問われました。

須佐之男命が天照大神の不安をとりのぞき、自分の真意をあかすために、〝誓約《うけい》〟（占い）の方法を提案します。天照大神は弟の剣をうけとり、天《あめ》の真名井《まない》で洗い清めてかみ砕き、ふっと息をはかれたところ、息吹の狭霧の中から三柱《みはしら》の姫神が生まれました。

つづいて須佐之男命が、天照大神の髪《みかづら》と腕にまかれた珠《たま》をかみ砕き息を吐かれたところ、五柱《いつはしら》の男子《おのこ》が生まれます。

天照大神は、五柱の息子は私の珠玉から生まれたものであるから私の子供であると言いました。須佐之男命は、自らの剣から産まれた三柱の姫神について、

「わが心の清きがゆえにわが生めりし子なり。これにより て我勝ちぬ」

と一方的に勝ち誇り、天照大神の稲田をこわし、神聖な宮殿に糞《くそ》をまき散らして乱暴と狼藉《ろうぜき》の限りをつくしました。

その果てに部屋の天井を壊し皮を剥《は》いだ馬を生きたまま投げ入れたのです。そのために神に捧げる御衣を織っていた天衣織女《アメノミソオリメ》が驚き梭《ひ》で腹を突いて死んでしまいました。

「あなた様以上に美しい女神がいます」この一声で、天岩戸が開きます

それまでは須佐之男命《スサノオノミコト》の苦悶《くるしみ》に同情し、春の海のような寛大さと慈《いつく》しみで見守り、庇《かば》い続けていた天照大神《アマテラスオオカミ》も悲しみと怒りで、とうとう身をつつしんで天岩戸を建てて引きこもってしまわれたのです。そのために高天原《たかまがはら》も地上の葦原中国《あしはらのなかつくに》も深い闇夜となり、悪霊と鬼たちがはび

こり、万《よろず》の神々の声は蠅《はえ》の群れのように、不快に沸き起るようになりました。

そこで八百万《やおよろず》の神々は天安之河原《あめのやすかわら》に集まり思金神《オモイカネノカミ》に思案させます。

天香具山《あめのかぐやま》の聖なる榊《さかき》を根ごと掘り、岩戸の前に立て、伊斯許里度売命《イシコリドメノミコト》には鏡を、玉祖命《タマノヤノミコト》には八尺勾玉《やさかにのまがたま》を、天児屋根命《アメノコヤネノミコト》と布刀玉命《フトタマノミコト》には岩戸開きの神事《まつりごと》を行わせ、天照大神の心をしずめるように命じたのです。そして、夜明けを呼ぶ長鳴鳥《ながなきどり》を鳴かせました。

やがて、天宇豆売命《アメノウズメノミコト》が岩戸の前に桶《おけ》を伏せ、その上で竹笹をもち胸乳《むなぢ》もあらわに神がかりして踊りはじめると、あまりの面白さに八百万の神々はどっと声をあげてお笑いになりました。

高天原がにわかに明るくにぎやかになったことを不思議に思われた天照大神が、岩戸を細目にあけて、その理《わ》由《け》を尋ねます。

すると、天宇豆売命は、

「あなた様以上に貴く美しい女神がいらっしゃるからです」

と答えて、伊斯許里度売命がつくった鏡を天照大神の

天照大神が、天岩戸を細目にあけたとき……

前に差し向けたのです。

鏡に写る自分に似た女神を見ていよいよ不審に思い、天照大神がさらに身をのり出したとき、かたわらにかくれていた手力雄命《タヂカラオノミコト》が固い岩戸をおし開き、天照大神の御《み》手《て》をとって引き出してしまいました。

そうして高天原にふたたび、明るく希望にみちた光明の世界がよみがえってきたのです。

昼と夜は、なぜできたの？——「太陽の神様」と「月の神様」の争い

天《あま》つ罪を犯した須佐之男命《スサノオノミコト》は、神々の裁《さば》きにより、多くの賠償《つぐない》の品を差し出すことになってしまいました。さらには、髭《ひげ》を切り爪を引き抜かれて、高天原《たかまがはら》を追放されてしまったのです。

高天原を追われた須佐之男命が地上に降りる途中、食

物を大気津比売神《オオゲツヒメノカミ》に乞《こ》うたところ、比売神は鼻や口、そして尻よりいろいろな種類の食物を取り出して与えたと言います。

その仕業《しわざ》に怒った須佐之男命が大気津比売神を殺したところ、その頭から蚕《かいこ》が生まれ、二つの目から稲種が生《な》り、二つの耳に粟《あわ》が生り、鼻に小豆、陰《ほと》に麦、尻からは大豆が生まれてきました。

一説によれば、高天原を治める天照大神《アマテラスオオカミ》が月読命《ツキヨミノミコト》に命じて、地上にいる保食神《ウケモチノカミ》のもとを訪れたとき、保食神は口から飯《いい》（米）を出し、海や山に向ひて魚や獣などたくさんの食物を出して、机に並べて、奉《たてまつ》ったとも言われています。

月読命は、

「口より吐きだしたものを、吾に奉ることは穢《けがら》わしく卑しき様《こと》」

とお怒りになり、剣を抜いて保食神を殺してしまいました。

これを聞いた天照大神は大変お怒りになり、

「汝《いまし》は悪《あ》しき神なり。二度と相見じ」

と仰せられ、それより、天照大神（太陽）と月読命

（月）は、一日一夜を隔《へだ》てられてお住みになられたと言います。

天照大神が使いをして保食神を訪ねたところ、すでに死《みまか》った神のいただきは牛馬となり、額《ひたい》の上には粟が生り、眉の上に蚕が生り、身体から粟《あわ》、稗《ひえ》、麦、豆の陸田《はた》種子《つもの》や稲（水田種子《たなつもの》）が生《な》っていました。口の裏に繭《まゆ》を含み、糸をひく養蚕の道は、保食神の仕業によるとも伝えられています。

天照大神は

「この生りものは、生きていく人々の食《く》いて活《い》くべきものなり」

と大変お喜びになったそうです。そして、天邑君《あめのむらぎみ》を定めて広く植え広めただけでなく、自らも高天原で栽培になられたと言われています。

3章

「八俣大蛇」のお話

◆三種の神器の一つ「草薙の剣」って、どんな剣？

八俣大蛇――頭が八つ、尾も八つの大蛇、登場！

天《あま》つ罪により高天原《たかまがはら》を追われた須佐之男命《スサノオノミコト》は、長く苦しい遍歴の果てに出雲国《いずものくに》（島根の一部）の肥河《ひのかわ》（斐伊川）のほとり、鳥髪《とりかみ》という所に辿《たど》りつきました。

須佐之男命が川の流れを見ていると、上流から箸《はし》が流れてきます。河上を訪ねると、一人の童女《おとめ》を中にすえて老夫《おきな》と老女《おうな》が泣いていました。名を問うと、老夫と老女は国神《クニツカミ》で名は足名椎《アシナヅチ》・手名椎《テナヅチ》、童女の名は櫛名田姫《クシナダヒメ》と答えます。須佐之男命が、泣く理由を尋ねると、老夫と老女の間には八乙女《やおとめ》（八人の娘）がいたのですが、毎年、高志《こし》の国（越州）から八俣大蛇《やまたのおろち》が襲ってきて娘を食べてしまったそうです。そして、今年もいよいよその日が近づいてきたことから泣いているのだと言います。

大蛇の姿を問うと、目はほおずきのように真っ赤で、身一つに頭は八つ、尾も八つあるとのこと。その身体には苔《こけ》や杉、桧《ひのき》が生い茂り、その腹からはいつも血がただれているという恐ろしさと言います。

須佐之男命は、八俣大蛇を退治する代わりに、櫛名田姫を嫁にほしいと申しこみます。そして、

「吾は天照大神《アマテラスオオカミ》の弟である」

と名乗ると、二人は驚き畏《かしこ》んで承諾しました。

そこで須佐之男命は、少女を櫛《くし》に変えて自分の髪《みかずら》にさしました。そして、何度もくりかえして醸《かも》し、芳醇《ほうじゅん》な強い香りのする、やしほおりの酒を急いでつくらせます。つぎに家のまわりに垣をめぐらし、八つの門をつくり、門ごとに八つの酒樽《さけだる》を置き、やしほおりの酒を盛ってしずかに八俣大蛇を待ちました。

頭も尾も八つある、恐ろしい大蛇がいたのです

須佐之男命、大蛇を倒し「神剣・草薙剣」を手に入れます

やがて、なまぐさい風がゴーウと吹き、恐ろしい地響きと共にあたりの木樹をなぎ倒しながら八俣大蛇《やまたのおろち》が現れました。

大蛇《おろち》は須佐之男命《スサノオノミコト》が申した通り、酒の匂いに引き寄せられて、それぞれの頭を垂《た》れて酒を一つのこらず飲み干して、酔いつぶれてしまいました。これを見て須佐之男

命はすかさず十拳《とつか》の剣を抜き、大蛇の首を切り葬《ほうむ》ったために肥河《ひのかわ》は血となって流れていきました。

さらに須佐之男命が胴を切り、尾を切りさくとカチッという音と共に剣の刃が少し欠け、氷のように神聖な剣が現れ出てきたのです。

大地の上に雲があり、雲は雨を呼《よ》ぶことができることから天叢雲剣《あめのむらくものつるぎ》と呼ばれる霊剣であり、後には日本武尊《ヤマトタケルノミコト》を火の難から救ったために草薙剣《くさなぎのつるぎ》とも呼ばれています。

須佐之男命はこの剣を、み光美《うる》わしく遍《あまね》く国内を照して、高天原《たかまがはら》を治められている天照大神《アマテラスオオカミ》のもとに置くべきものとして、高天原にのぼり天照大神に献上しました。

その後、須佐之男命は荒れ果てた山川に向かって、ひげを抜き、むな毛と尻毛《かくれけ》と眉毛を抜いて風に散らすと、ひげからは杉の木が、むな毛からは桧《ひのき》、尻毛からは槙《まき》の木が、眉毛からは楠《くす》の木が生え、荒廃した山々を豊かな緑におおっていきました。

八俣大蛇を退治して身も心も清々しくなった須佐之男命は、櫛名田姫《クシナダヒメ》との結婚の地を求め歩き、須賀《すが》という地に二人の住む新しい宮殿を建てます。

そのとき、周囲の山々の上に宮殿をつつむように雲が

わきでたことを歓《よろこ》び、須佐之男命は、
「八雲《やぐも》立つ　いずも八重垣《やえがき》　妻籠《つまご》みに　八重垣つくる
その八重垣を」
とお歌いになりました。
二人の間に生まれた子供は大己貴神《オオナムチノカミ》で、後に大国主神
と名を改めます。

4章

「稲羽の白菟」のお話

◆日本の「国づくり」は、こうして始まりました

大国主神、稲羽の国でなぜ菟を助けたの？

須佐之男命《スサノオノミコト》の六代目の子孫に、大穴牟遅《オオナムチ》をはじめ五つの名を持つ大国主神《オオクニヌシノカミ》という神様がいます。

彼には、八十神《ヤソガミ》と言われる意地悪な多くの兄弟神がいました。八十神は、稲羽《いなば》の国（鳥取の一部）に住んでいる、美しいことで評判の八上姫《ヤガミヒメ》の婿《むこ》になろうと、大国主神一人に袋を負わせて旅に出ました。

八十神が稲羽の気多《けた》の岬に着いたとき、皮がはがれて裸《あかはだか》になった菟《うさぎ》が苦しんで伏せていました。八十神たちは意地悪なことに、海の塩水を浴びて、高い山のいただきに伏せて吹く風にあたっていれば、元の姿になれると菟に教えたのです。

菟がその通りにすると、塩水がかわくにつれて、身体中がピリピリと引き裂かれるように痛み、苦しむことになりました。

八十神に遅れてきた大国主神が、その姿をみて理由《わけ》をたずねました。すると菟は、

「僕《あれ》は隠岐島《おきのしま》に住んでいて、この地に渡りたいと思いましたが、渡るすべがありません。そこで海の鮫《さめ》をだまして、『お前たちと私の同族ではどちらが数が多いか競べてみよう』と言って隠岐島より気多の岬まで鮫たちを一列に並べたのです。

僕は数を数えながら、鮫たちの上を飛んでようやくこの地におりようとしたとき、よろこびのあまり、まぬけな鮫たちに『お前たちは我に欺《あざむ》かれたのだよ』と言ったところ、最後に伏していた鮫が怒って私をとらえて、私の皮をはぎとってしまったのです。その後、先に行った

稲羽の国の岬で、一匹の菟が苦しんでいました

八十神の教えのままに海水を浴びて、風にあたって伏せていましたが、私の身体はことごとく傷つき、痛んでひどい目にあいました」

と答えました。

菟のことをかわいそうに思った大国主神は、

「今すぐ河口《みなと》に行き、きれいな水で身を洗い、そこに生えている蒲《がま》の穂の花粉を地にまいて、その上に寝ころびなさい。そうすればあなたの身体は、元のようになるだろう」

と言いました。

白菟の予言——大国主神の運命とは？

菟《うさぎ》が、その教えの通りにすると、体は元通りになりました。菟はよろこび、大国主神《オオクニヌシノカミ》に

「八十神《ヤソガミ》は八上姫《ヤガミヒメ》を得ることはできません。あなたは袋をかつぎ召使《めしつかい》のように卑《いや》しめられていますが、あなたこそ八上姫を得ることができるでしょう」

と告げたのです。

白菟の予告は、その通りになりました。八上姫は八十神の求婚をことわり、大国主神に嫁《とつ》ぐと答えたのです。

八十神は怒り、大国主神を殺そうとします。そこで八十神は大国主神に、伯伎国《ははきのくに》（鳥取の一部）の山に赤い猪《いのしし》がいて、それを追い下《おろ》すから、大国主神に生け捕るように命じました。そして、猪に似た大石を火で焼いて、崖《がけ》の上から転がし落としたのです。そのため大国主神は大火傷《やけど》をして死んでしまいました。

大国主神と恋に落ちた須佐之男命の娘

大国主神《オオクニヌシノカミ》の母親は泣き患い、天上に参上《まいあが》り、わが子を生き返らせてくれるよう神産巣日神《カミムスビノカミ》に懇願しました。神産巣日神は深く同情して、𧏛貝姫《キサガイヒメ》の女神と蛤《はまぐり》の女神である蛤貝姫《ウムガイヒメ》に命じて、母の乳汁《ちしる》でつくった妙薬《くすり》をつくらせ大国主神の体に塗らせたところ、大国主神の火傷《やけど》は消えて生き返ったのです。

その後も八十神《ヤソガミ》たちの意地悪は続きましたが、そのたびに母親が大国主神の命を救われました。

そして、

「あなたはここにいるかぎり八十神に滅ぼされてしまうでしょう」

と言って、紀《き》の国《くに》（紀州・和歌山）の大屋毘神《オオヤビコノカミ》の御所《みもと》に逃《のが》れさせます。紀の国に逃れた大国主神は、大屋毘神から、

「この国の素晴しい木樹は、すべて須佐之男命《スサノオノミコト》がくださ れたもの、須佐之男命は今、根の国（異界）にいらっし

ゃる。そこへ行き、須佐之男命のお議《はか》りを受けるとよい」

と教えられます。

その言葉に従って、大国主神が根の国の須佐之男命の元につくと、その娘《むすめ》、須勢理姫《スセリヒメ》が出てきました。須勢理姫は大国主神をひと目みて恋に落ちます。

しかし、須佐之男命は自分の娘を簡単に渡すことをせず、大国主神に多くの試練を与えたのです。

須佐之男命、大国主神に多くの試練を与えます

須佐之男命《スサノオノミコト》は、まず大国主神《オオクニヌシノカミ》を、たくさんの蛇《へび》がいる蛇の室《むろや》に寝かせました。

そこに須勢理姫《スセリヒメ》がおとずれます。そして、

「蛇があなたを襲《おそ》ってきたらこの比禮《ひれ》（布きれ）を三度振って打ち払いなさい」

と言って出て行きました。その通りにすると、蛇は静

かになりました。

また、次の日、須佐之男命は、鳴鏑《なりかぶら》（大きな弓）を広い野原に射し入れて、その矢をとってくるように大国主神に命じました。そして、大国主神が野原に入ると、火をつけてその野を焼きめぐらしたのです。

火に囲まれた大国主神が出口を探していると、鼠《ねずみ》が現れました。鼠は
「内はほらほら　外はすぶすぶ」

と大国主神に声をかけます。大国主神がそこを踏んでみると、穴が開いて落ちてしまいましたが、その間に火

は燃えすぎて行きました。さらに、鼠が鳴鏑《なりかぶら》をくわえて持ってきてくれたのです。

須佐之男命は、大国主神がすでに死んでいると思って野に出てきました。すると、大国主神は生きており、須佐之男命に鳴鏑を奉《たてまつ》りました。須佐之男命は、大国主神の勇ましい姿と優しい心根に感動します。

その夜、須佐之男命が眠っている間に、大国主神は須佐之男命の髪を広間の柱に結びつけて、須佐之男命の生《いく》太刀《たち》と生弓矢《いくゆみ》と天沼琴《あめのぬごと》を持ち、須勢理姫を背負って御殿を逃げ出しました。

しかし、そのとき、持ち出した琴が木にふれ、その音で須佐之男命が目を覚ましてしまいます。須佐之男命は柱に結びつけられている髪の毛を振りほどき、二人を追い黄泉平坂《よもつひらさか》を駆けあがります。

須佐之男命ははるか遠くに逃げる二人に、

「その太刀《たち》と弓をもって八十神《ヤソガミ》たちを追い払い、大穴牟遅《オオナムチ》の名を改め、大国主神の名を名乗り、須勢理姫を妻として、宇都志国玉神《ウツシクニタマノカミ》となり国づくりをせよ！」

と言って、二人を祝福しました。

八十神追放――「大国主神の国づくり」のはじまり

大国主神《オオクニヌシノカミ》と名を改めた大穴牟遅《オオナムチ》は、八十神《ヤソガミ》たちを追い払いました。

そして、稲佐《いなさ》の浜（出雲《いずも》にある海岸）で出会った粟粒《あわつぶ》のように小さく、大国主神の分身のような少名彦那神《スクナビコナノカミ》と共に、山野を切り拓《ひら》き、水路をつくり、鋤《すき》をそろえて、国づくりを始めたのです。

その勇ましく、かしこさと知恵をあわせもち、自《みずか》ら懸命に国づくりに励む姿をたたえて、人々は「五百《いお》つすきなおとりにとらして　天の下つくらしし　大穴牟遅命」と歌って、国づくりに従いました。

しかし、あるとき、少名彦那神は粟《あわ》の茎にのぼったとき、ふさふさに実った粟の穂の実を落として軽くなって、ピンとまっすぐに立った穂に空高くはじきとばされてしまいました。二人の神による国づくりが完成しないままに、海のかなたの常世《とこよ》の国（永遠の世界）に去ってしまわれたのです。

5章

「国譲り」のお話

◆出雲大社はなぜ、大国主神様をおまつりしているの？

天照大神の御子が統治する国・日本

出雲国《いずものくに》の国づくりは順調に進んでいました。

ただ、葦原中国《あしはらのなかつくに》（日本の国）は広く、荒々しい神々の騒ぎはおさまらなかったのです。

天照大神《アマテラスオオカミ》は、葦原中国は吾《あ》が御子《みこ》が統治する国とお考えになっていました。そこで、八百万《やおよろず》の神々を集め、知恵の神と言われる思金神《オモイカネノカミ》の意見を聞き、大国主神《オオクニヌシノカミ》を説得するために天穂日命《アメノホヒノミコト》を地上につかわすことになったのです。

ところが、天穂日命は葦原中国に降りたものの、住み心地がよかったので、大国主神に媚《こ》びて三年たっても帰ってきません。次に、天若日子《アメノワカヒコ》に立派な弓と矢をわたして、使者として遣《つか》わしました。ところが、天若日子は大国主神の娘の下照姫《シタテルヒメ》と結婚してしまい、その国を得ようとして八年たっても返事もしません。

そこで雉名鳴女《きじななきめ》が、天若日子の御殿の門のそばに立つ桂《かつら》の木にとまり、天神《アマツカミ》の言葉を伝えようとしました。それを聞いた天佐具女《アメノサグメ》の「この声は汚く不吉である」という言葉を信じて、天若日子は天照大神から授かった弓と矢で雉名鳴女を射殺《いころ》してしまったのです。

矢は雉名鳴女《きじななきめ》の胸をつらぬいて、天上に住む高皇産巣日神《タカミムスビノカミ》の足もとに落ちました。これをみて高天原《たかまがはら》の神々は、「もし天若日子が自分の使命を忘れていなければ、天若日子に矢は当たらず、汚い心があれば当たれ」

と言って、その矢を地に投げ返したのです。

すると、その矢は、眠っている天若日子の胸につきささってしまいました。

出雲の国に、日本一大きなお社がつくられました

出雲の国につくられた、日本一大きなお社

最後に使者となったのは、武勇にすぐれた建御雷之神《タケミカヅチノカミ》と天鳥船神《アメノトリフネノカミ》です。

天鳥船神と共に出雲国《いずものくに》の稲佐の浜に降りた建御雷之神は十拳《とつか》の剣《つるぎ》を抜き、波の穂に逆《さか》さまに刺し立て、その剣の先にあぐらをかいてすわりました。そして、「葦原《あしはらの》中国《なかつくに》は天照大神《アマテラスオオカミ》の御子が統治する国と思うが、あなた

の心はいかがでしょうか？」と、大国主神《オオクニヌシノカミ》に問うたので

す。

大国主神は「私の考えだけで決めることはできない」

と答えて、二人の息子、八重言代主神《ヤエコトシロヌシノカミ》と建御名方神《タケミナカタノカミ》を呼

びよせました。

事のしだいを理解した八重言代主神は「畏《かしこ》し、この国

は天神《アマツカミ》の御子にたてまつりたまへ」と言ってこの申し出

を受け入れ、身を隠しました。

もう一人の建御名方神は、千人で引かなければ動かせ

ないような重い千引石《ちびきいわ》を手にさげてきた驚くほどの力の

持ち主であり、力競《くら》べで決めようと申し出ました。

建御名方神が建御雷之神の手をつかむと、建御雷之神の手は氷のように冷たく、剣の刃となったために建御名方神は恐れをなして退《しりぞ》きました。つぎに建御雷之神が建御名方神の手をとると、その手は若草のようにひしゃげて投げ放たれてしまい、建御名方神は信濃《しなの》の諏訪《すわ》まで逃げ退き、その後は大国主神に従い国づくりに励みました。

大国主神は、八重言代主神《ヤエコトシロヌシノカミ》の考えに従い、葦原中国は天神《アマツカミ》の御子に献《たてまつ》ることを約束しました。

大国主神は、この国を天照大神の子孫《うみのこ》の治める国と認

『致知』定期購読お申し込み

お求めになった書籍			
フリガナ		性別　男・女	
お名前		生年月日(西暦) 年　月　日	
会社名		役職・部署	
ご住所 (送付先)	〒　－　自宅 会社 (どちらかに○をしてください)		
TEL	自宅　会社		
携帯			
メール			
職種	1.会社役員 2.会社員 3.公務員 4.教職員 5.学生 6.自由業 7.農林漁業 8.自営業 9.主婦 10.その他（　）	弊社記入欄	B

最新号より 毎月　冊	ご購読期間	（　）1年 11,500円(12冊) （　）3年 31,000円(36冊)　(税・送料込)

※お申込み受付後約1週間で1冊目をお届けし、翌月からのお届けは毎月7日前後となります。

FAX.03-3796-2108

郵便はがき

料金受取人払郵便

渋谷局承認

8264

差出有効期間
令和7年12月
15日まで
（切手不要）

1508790

584

東京都渋谷区
神宮前4－24－9

致知出版社

行

『致知』定期購読お申し込み方法

◉電話 **03-3796-2111**
◉FAX **03-3796-2108**
◉ホームページ
https://www.chichi.co.jp
致知 で 検索

お支払方法

●コンビニ・郵便局でご利用いただける専用振込用紙を、本誌に同封または封書にてお送りします。

●ホームページからお申し込みの方は、カード決済をご利用いただけます。

『致知』購読料

●毎月1日発行 B5版 約150ページ

1年間（12冊）▶11,500円（税・送料込）
（定価14,400円のところ2,900円引）

3年間（36冊）▶31,000円（税・送料込）
（定価43,200円のところ12,200円引）

電子版をご希望の方はこちら⬇

※申込手続き完了後のキャンセル、中途解約は原則としてお受けできません。
※お客様からいただきました個人情報は、商品のお届け、お支払いの確認、弊社の各種ご案内に利用させていただくことがございます。詳しくは弊社HPをご覧ください。

1978年創刊。定期購読者数11万人超

あの著名人も『致知』を読んでいます

鈴木敏文 氏

セブン&アイ・ホールディングス名誉顧問

気がつけば『致知』とは創刊当時からの長いお付き合いとなります。何気ない言葉が珠玉の輝きとなり私の魂を揺さぶり、五臓六腑にしみわたる湧き水がごとく私の心を潤し、日常を満たし、そして人生を豊かにしてくれている『致知』に心より敬意を表します。

栗山英樹 氏

侍ジャパントップチーム前監督

私にとって『致知』は人として生きる上で絶対的に必要なものです。私もこれから学び続けますし、一人でも多くの人が学んでくれたらと思います。それが、日本にとっても大切なことだと考えます。

お客様からの声

私もこんなことで悩んでいてはいけない、もっと頑張ろうといつも背中を押してくれる存在が『致知』なのです。

（40代 女性）

『致知』はまさに言葉の力によって人々の人生を豊かにする月刊誌なのではないでしょうか。

（80代 女性）

最期の時を迎えるまで生涯学び続けようという覚悟も定まりました。

（30代 男性）

め、その代わりに「私のために、この地に高天原《たかまがはら》に届くような高い屋根の宮殿を造っていただきたい。そうすれば私は永遠にそこに身を隠し、天神《あまつかみ》に従い、その御尾前《みおさき》となって仕えましょう」と申し出ました。

天神は大国主神の申し出た通りに、出雲の国に日本一大きなお社《やしろ》をつくりました。こうして困難な国譲りは実現することになったのです。

6章

「天孫降臨」のお話

◆永遠に栄える「瑞穂の国」とは、どこの国?

天照大神が「三種の神器」をお渡しになりました

国譲りの交渉が無事に終わると、天照大神《アマテラスオオカミ》は「豊葦原《とよあしはら》の瑞穂国《みずほのくに》（日本国）は、吾が子孫《うみのこ》が治めることにより永遠に栄えるであろう」として、孫の瓊瓊杵命《ニニギノミコト》にその使命を託されたのです。

瓊瓊杵命の降臨に際して、天照大神は国の統治に必要な神聖な鏡と剣《つるぎ》と勾玉《まがたま》を皇位のしるしとしてお渡しになりました。これを「三種の神器」と言います。

さらに、高天原の神聖な田圃《たんぼ》で自《みずか》らがおつくりになった稲穂を、人々が食べて生きる大切なものとしてお渡しになりました。ここに随神《ずいしん》として選ばれた神々と共に、瓊瓊杵命は天磐座《あめのいわくら》を離れ、天八重雲《あめのやえぐも》をおし分け、天と地につながる道を地上の葦原中国《あしはらのなかつくに》を目指して降りてゆかれたのです。

その途中、上は高天原《たかまがはら》を光《てら》し、下は葦原中国を光《てら》して、背の高さは見上げるほどで、鼻の長さは指七本分、その目は鏡のように大きくほおずきのように赤く光っている神が現れました。

女性ではあるが物怖《ものお》じしない天宇受売命《アメノウズメノミコト》が、

「そこに立ちはだかるあなたはいかなる神か」

と問うと、その神は、

「わたくしは国神《クニツカミ》で名は猿田彦《サルタヒコ》、天神《アマツカミ》の御子が天降《あまくだ》られると聞いて道先《みちさき》の案内を仕へまつらむとしてまいりました」

と答えました。

こうして皇孫《すめみま》とその随神は、猿田彦の案内で無事に筑《つく》紫《し》の日向《ひゅうが》（宮崎）の高千穂《たかちほ》のくしふる嶺《たけ》に降臨されたの

天照大神が、「三種の神器」をお渡しになります

です。

『日向国風土記』によると、瓊瓊杵命《ニニギノミコト》が降臨したとき、その地は真暗闇《まっくらやみ》でありました。その時、その地に住む大鉗《おおはし》・小鉗《おはし》の二人が現れ、皇孫が高天原からたずさえてきた斎庭《ゆにわ》の稲穂を抜き、籾種《もみだね》を四方に投げ散したまえば必ず明るくなると申したことから、瓊瓊杵命が種籾《たねもみ》をまき散したところ日月光り輝き明るい世界がひらけてきたと言います。

それよりこの地を、臼杵郡《うすきのこおり》千穂の郷《さと》と号《なづ》けたのです。

永遠に続くはずの「御子の命」なぜ、短くなったの？

ある日、瓊瓊杵命《ニニギノミコト》が笠沙《かささ》の岬を歩いていると、開きかけた花のように麗《うるわ》しい乙女《おとめ》に出会いました。

瓊瓊杵命が、

「あなたは誰の娘ですか」

とたずねると、乙女は、

「私は大山津見神《オオヤマヅミノカミ》の女《むすめ》、名は木花開耶姫《コノハナサクヤヒメ》です」

と答えました。瓊瓊杵命が結婚を申しこむと、

「私からはお返事ができません。わが父、大山津見神《オオヤマツミノカミ》からお答え申しあげます」

と答えます。

大山津見神は大変およろこびになり、姉の石長姫《イワナガヒメ》もいっしょに命《ミコト》に差し出しました。

しかし、石長姫が大そう醜かったために、瓊瓊杵命は木花開耶姫だけをとどめて、石長姫を父のもとに返してしまわれたのです。

大山津見神が石長姫を差し出したのは、天神《アマツカミ》の御子の

命が永遠《とこしえ》に岩《いわ》のように続くように、また木花開耶姫を差し出したのは、天神の御子が木の花のごとく永遠に美しく栄えるためだったのです。

木花開耶姫のみ一人とどめて石長姫を返したことによって、瓊瓊杵命の命は普通の人々と同じようにはかなく短いものになったと言われています。

木花開耶姫は一夜にして身ごもられました。出産の知らせを受けた瓊瓊杵命は、あまりに早い懐妊《かいにん》の知らせに驚かれ、

「お腹《なか》の子は自分の子ではなく、誰かほかの国神《クニツカミ》の子で

あろう」

と木花開耶姫をお疑いになったのです。

姫は夫の言葉に憤《いきどお》りを感じ、自分の誠実を命がけで証《あ》かそうと、

「天神の御子《みこ》ならば無事に生まれ、あなたの子でなければ、無事に生まれることはないでしょう」

と言って、戸と窓を閉じた産室《うぶや》に、火をつけられたのです。こうして燃えさかる炎の中から、三人の御子が生まれました。

火が燃えさかるとき生まれ出た子が、火照命《ホデリノミコト》。

次に生まれ出た子が、火須勢理命《ホスセリノミコト》。

最後に、火がしずまったときに生まれ出た子が、火遠理命《ホオリノミコト》です。

7章

「海幸彦、山幸彦」のお話

◆海の幸と山の幸、この国が豊かな理由

山幸彦、ご縁あって、海神の娘と結婚

瓊瓊杵命《ニニギノミコト》と木花開耶姫《コノハナサクヤヒメ》の間に生まれた、火照命《ホデリノミコト》と火《ホ》遠命《オリノミコト》は兄弟です。

兄の火照命は海で釣りをして、弟の火遠命は山で狩りをして暮らしており、それぞれ海幸彦《うみさちひこ》、山幸彦《やまさちひこ》と呼ばれていました。

あるとき、狩りにあきた弟の山幸彦は、海幸彦に釣り針と弓矢を交換してみようとお願いしましたが断られてしまいます。

それでもあきらめない弟に負けて、兄は一度だけ釣り針と弓矢を交換してくれました。しかし、山幸彦は一《ひとつ》の魚も釣れず、大切な兄の釣り針を海に失ってしまったのです。

山幸彦は何度《なんど》も謝《あやま》り、十拳《とつか》の剣《つるぎ》をつぶして千本もの釣り針をつくり兄に差し出しましたが、海幸彦は許してくれません。元の釣り針を返してくれと言って聞きいれませんでした。

途方にくれた山幸彦が泣きながら海辺に佇《たたず》んでいると、そこに潮路《しおのみち》にくわしい塩椎神《シオツチノカミ》が通りかかり、泣いている理由《わけ》をたずねました。

山幸彦の話を聞いた塩椎神は、

「天神《アマツカミ》の御子のために良い方法を教えてあげましょう」

と言って、竹ですきまなくつくった間無勝間《まなしかつま》という小船を与えてくれました。

そして、

「この船で行くと潮の路にのり海神《ワタツミノカミ》の宮殿につきます。その門の井戸のあたりに香木《かつらのき》があり、その木のうえに坐《すわ》

海幸彦は釣り、山幸彦は狩りをして暮らしています

っていれば海神の娘に会えるでしょう」
と教えてくれたのです。
海神の宮殿についた山幸彦が香木の高い枝に坐ってい
ると、その影が水面に写ります。
水をくみにきた海神の娘、豊玉姫《トヨタマヒメ》の従者たちが見あげ
ると、麗《うるわ》しい山幸彦がいました。海神は、天神の御子の
訪れをいたく喜び、山幸彦は海神の娘、豊玉姫と結婚す
ることになったのです。

海幸彦、訳あって、山幸彦の守護人に

山幸彦《ヤマサチヒコ》は、海神《ワタツミノカミ》の宮殿での楽しい生活で、三年ものの間、月日のたつのを忘れていました。

やがて自分が失くした兄の釣り針をさがしにきたことを思い出し、海神にそのことを告げます。すると、海神は海中に住むすべての魚を集めて、

「この釣り針を知る魚はいないか」

と問うてくれたのです。

すると、魚たちは、

「この頃、赤鯛《あかだい》が喉《のど》を痛めて物も食べられません」

と答えたので、赤鯛の喉をさぐると、失くした釣り針がかかっていました。そうして釣り針を無事に取り出すことができたのです。

そして、山幸彦は海神が選んだ、大きな一尋和邇《ひとひろわに》にのって一日のうちにふるさとに帰り着きます。ただ、山幸彦が釣り針を返した後も、海幸彦《ウミサチヒコ》の怒りはおさまりません。海幸彦は貧しくなっており、荒々しい心で山幸彦を迫《せ》めてくるのです。

山幸彦は、海神から授かった、水を自由に司《つかさ》どる青い潮満玉《しおみつたま》と赤い潮干玉《しおひるたま》で兄をこらしめ、たしなめました。

ついに降参した海幸彦は、

「これからは山幸彦の守護人《まもりびと》になる」

と約束しました。

その後、二人の兄弟は仲良く助け合って暮らしたということです。

そして、神武天皇の御父が、ご誕生になります

この頃、豊玉姫《トヨタマヒメ》は、山幸彦《ヤマサチヒコ》の御子《みこ》を身ごもっていました。

ただ、天神《アマツカミ》の御子を海原で生むべきではないと考え、海辺の渚《なぎさ》に、鵜《う》の羽を萓草《かや》にして、産屋《うぶや》をおつくりになったのです。

豊玉姫は産屋に入るとき、山幸彦に、

「他国《あだしくに》の人（異国生まれの人）は、産むときになれば、本《もと》つ国（故郷）の形になりて子を生みます。決して中をのぞいて私をみないでください」

と言いました。

その言葉を不思議に思った山幸彦が我慢ができず中をのぞくと、豊玉姫は八尋和邇《やひろわに》の姿になって横たわっていたのです。驚いた山幸彦は逃げ出してしまいました。

このことを知り恥しく思った豊玉姫は、御子を産みおいて、海神《ワタツミノカミ》の宮殿に帰ってゆかれました。生まれた子供は鵜の萱草《かや》がふき終わらないうちに産まれたことから

鸕鷀草葺不合命《ウガヤフキアエズノミコト》と名づけられました。それでも豊玉姫の山幸彦を恋しく慕う思いは消えず、御子の養育を妹の玉依姫命《タマヨリヒメノミコト》に託《たく》して、

「あかだまは　おさへひかれど　しらたまの　きみがよそひし　たふとくありけり」

という歌を山幸彦に送られたのです。それに応《こた》えて山幸彦は、

「おきつとり　かもどくしまに　わがゐねし　いもはわすれじ　よのことごとに」

との歌をお返しになられました。

その後年月がすぎ、鵜葺草不合命と玉依姫命の間には、五瀬命《イツセノミコト》、稲氷命《イナヒノミコト》、三毛入野命、狭野命《サヌノミコト》（後の神武《じんむ》天皇）の四柱《よはしら》の神々が生まれることになります。

8章

「神武東征と日本建国」のお話

◆「神々の時代」から、ついに「天皇の時代」へ！

神武天皇、建国のために
大和へ旅立ちます

鵜葺草不合命《ウガヤフキアエズノミコト》と玉依姫《タマヨリヒメ》の間に生まれた神倭伊波礼比《カムヤマトイワレビ》古命《コノミコト》（狭野命《サヌノミコト》のこと。後の神武《じんむ》天皇）たち四人の兄弟は、高千穂《たかちほ》の宮で長く日向《ひゅうが》の国をおさめていました。

そして、瓊瓊杵命《ニニギノミコト》の御心を受けついで、人々が一つの家族のように仲睦《なかむつ》まじく平和に暮らせる大きな国をつくるために、国の中心となるにふさわしい大和国《やまとのくに》（奈良）

を目指して旅立たれたのです。

日向を発った伊波礼比古命と兄の五瀬命《イッセノミコト》たちは、豊国《とよのくに》の宇佐（大分）に着かれ、その地で宇佐都彦《ウサツヒコ》と宇佐都姫《ウサツヒメ》のもてなしを受けました。

その後、皇軍は筑紫の国（福岡）の岡田宮《おかだのみや》で一年を過ごされ、安芸国《あきのくに》（広島）の多祁理宮《たけりのみや》で七年、さらに東へ進まれ吉備《きび》（岡山）の高島宮《たかしまのみや》で八年をおすごしになったのです。

神武天皇の家族国家建設の理想は、稲作という画期的な穀物栽培の技術の指導と共に、行く先々の国々で歓迎されました。

やがて、皇軍が速吸門《はやすいのと》（鳴門海峡）を渡ろうとすると
き、海の道をよく知る国神《クニツカミ》の宇豆彦《ウズヒコ》に出会いました。宇
豆彦の案内で浪速《なにわ》（大阪の一部）の海を通り、青雲の白《しら》
肩津《かたのつ》という所で船をお泊《と》めになったとき、国を奪われる
と思って待ちかまえていた登美長髄彦《トミノナガスネヒコ》が戦いを挑んでき
ました。

神倭伊波礼比古命は楯《たて》を取り応戦されましたが、運悪
く長髄彦の放《はな》った矢が兄の五瀬命の肘《ひじ》に当《あた》り、五瀬命は
負傷してしまいます。

皇軍は、日向から大和の国を目指して旅立ちます

五瀬命は、

「私は日神《ヒノカミ》の御子であるにもかかわらず、日に向かって戦ったことがよくなかった。これからはまわりこんで太陽を背にして戦おう」

と誓って南へまわり、紀《き》の国（紀州・和歌山）へと向かわれ、男之水門《おのみなと》へ着かれました。

しかし、その地でにわかに容態が悪化し、竈山《かまやま》という所で道半ばにして亡くなってしまわれました。

神々の戦い――皇軍ついに、熊野の地に上陸！

六月に入り、皇軍が熊野神《クマノノカミ》の村に着いたところ、激しい暴風雨にあい、荒れ狂う海の大波で、上陸がかないません。

天神《アマツカミ》の御子であり海神《ワタツミノカミ》を母にもつ稲飯命《イナヒノミコト》は、苦しみのあまり海に身を投げ入れて亡くなられました。また、三毛入野命《ミケヌノミコト》は、波の穂を踏んで常世郷《とこよのくに》（母なる国）に行かれたと言います。

それより、兄たちを亡くした神武天皇が、御子の手研《タギシ》耳命《ミミノミコト》と皇軍を率いて熊野の険しい道を進んで行かれたところ、その地の荒ぶる神が熊の姿で現れます。熊が毒気《あやしいいき》を吐いたために、伊波礼比古命《イワレビコノミコト》たちは萎《しお》れたように倒れ伏してしまいました。

そのとき、熊野高倉下《クマノタカクラジ》という人の夢に、天神が現れ、布都御魂《ふつのみたま》という剣《つるぎ》を授《さず》けます。夢の教《おし》えの随《まにまに》、高倉下がその剣を伊波礼比古命に奉《たてまつ》ったところ、伊波礼比古命も、軍士《いくさびと》も、長《なが》い眠りから醒《さ》めることができたのです。

さらに、天神のつかわした八咫烏《やたがらす》が、大空より飛び降りてきて道臣命《ミチオミノミコト》、大来目命《オオクメノミコト》等戦《いくさ》の将《きみ》を導いて大和の宇陀《うだ》の縣《あがた》という所に着きます。

この地、宇陀の縣には、宇迦斯《エウカシ》、弟宇迦斯《オトウカシ》という兄弟がいました。

兄の宇迦斯は皇軍の勢いを恐れて、新宮を作り、おもてなしをすると言って、伊波礼比古命をだましうちにしようと企《たくら》んでいましたが、弟の弟宇迦斯はそのことを伊波礼比古命の軍に告げました。

道臣命と大来目命は、剣と弓を持ち新宮に着くと、宇

迦斯に、

「そなたがつくれる屋《いえ》には、まずおのれ自身が先に入れ」

と言って、宇迦斯を中に押し入れます。

宇迦斯は、自分の作った新宮に仕掛ていた押機《おしき》にはさまれて死んでしまいました。

神武、大和の国をおさめて初代天皇として即位します

つづいて、伊波礼比古命《イワレビコノミコト》は、宇陀の高倉山の頂《いただき》に登ります。そして、国中をみると、地形がけわしい要害《ようかい》の地には、八十梟《ヤソタケル》をはじめ、兄磯城《エシキ》の軍がひしめくように待ちかまえていたのです。

その後、八十梟、兄磯城を退けた伊波礼比古命が天神《アマツカミ》に祈ると、夢の中で、天神地祇《あまつかみくにつかみ》を敬い祭れとのお告げが

ありました。兄の五瀬命《イツセノミコト》のかたきでもある登美長髄彦《トミノナガスネヒコ》とふたたび激しい戦いをすることになったのです。

伊波礼比古命が氷雨《ひさめ》の中で苦戦をしいられていると、そこへ突然、金色にかがやく鵄《とび》がとんできて伊波礼比古命の弓の先にとまります。

鵄は雷電《かみなり》のような金色のまばゆい光を放ち、敵兵の目をくらましました。それで長髄彦の軍はおびえて戦いができなくなってしまったのです。また、それまで抵抗していた邇芸速日命《ニギハヤヒノミコト》が現れて、伊波礼比古命に降伏し、忠誠をもって仕えることを約束しました。

その後、伊波礼比古命は、荒ぶる神たちを言向け平和《やわ》し、伏《まつろ》わない人等を退《はら》い平《たいら》げます。そして、畝火《うねび》の橿原《かしはら》に宮殿《みやい》をたて、大和の国をおさめた神倭伊波礼比古命が、初代天皇である神武《じんむ》天皇として即位したのです。

御即位に際して神武天皇は鳥見山《とみやま》に登り、天神《アマツカミ》に対して国を授けていただいたことへの感謝と報恩の祭りをなされました。

そして、国民《くにたみ》のために祈り、尽すことが天皇の務《つと》めであり、天孫瓊瓊杵命《ニニギノミコト》が示された正しい道を弘《ひろ》め、天《あめ》の下《した》を掩《おお》いて一つの家としての国づくりを宣言されたのです。

9章

「日本武尊」のお話

◆日本神話・最大の英雄が登場します！

熊襲征討――小碓命、荒々しい神々がすむ西国へ

神武天皇からかぞえて十二代目の天皇に、大帯日子《オオタラシヒコ》（景行《けいこう》天皇）という大王《オオキミ》がいました。力も勇気も人にすぐれ、みずから全国各地を巡《めぐ》り、国の安定と建設につとめられていたのです。

景行天皇には、三人の日継《ひつ》ぎの皇子がいました。

その中で小碓命《オウスノミコト》は、なにものにも物怖《ものお》じせず、勇武に

すぐれていることから、荒ぶる神や伏《まつろ》わない人々を平《たい》らげる仕事を与えられていました。

その頃、はるか西の熊襲《くまそ》の国（九州南部）に、熊曽建《クマソタケル》（別名、川上梟師《カワカミノタケル》）の兄弟という荒々しい神が二人いました。この二人は、礼なく反乱をおこし、周辺の国々や良民を苦しめていたのです。

景行天皇は小碓命に、この二人を討ちとるように命じられました。

このとき、小碓命はまだ幼さののこる少年でありましたが、命令《みことのり》を畏《かしこ》んでお受けになりました。

小碓命は出発の挨拶に伊勢神宮におもむきます。そこで叔母《みおば》の倭姫命《ヤマトヒメノミコト》をたずね、倭姫の着物を一重《ひと》ねと、短い一《ひと》ふりの剣を賜わり西の国へと旅立ちます。

熊襲の国は、はてしなくつづく山脈《やまなみ》をこえ、海峡を渡り、険しい山道と数えきれぬほどの川を渡った所にある、荒々しい神がすむ未知の国でした。

小碓命、熊襲を倒し、日本武尊を名乗ります

小碓命《オウスノミコト》が熊襲《くまそ》の国に着くと、熊曽建《クマソタケル》は新築された館で宴会《うたげ》の最中でした。

熊曽建の館《やかた》は、警戒も厳重で、三重に塀をめぐらしてあります。

そこで小碓命は額に結んでいた髪をとき、乙女《おとめ》のように長くたらすと、倭姫命《ヤマトヒメノミコト》からもらった女性の衣裳を身

につけて、出入りする女たちにまぎれこんで館に入りました。

小碓命が酒をささげて宴室に入ると、熊曽建の兄弟は手をうって喜びます。うるわしい乙女の姿になった小碓命の注《つ》ぐ酒を飲むうちに、さすがの強者《つわもの》たちも次々と酔いつぶれてしまったのです。

頃はよしと、小碓命はふところの剣《つるぎ》をぬき、熊曽建の胸を刺し、逃げようとする弟建《オトタケル》の背をつかみ尻より剣を刺《さ》し通しました。

深傷《ふかで》をおった熊曽建は、

「おまえは何者だ」

とたずねます。小碓命は剣をおしとどめ、

「吾《われ》は大帯比古天皇《オオタラシヒコスメラミコト》の皇子《みこ》、名は小碓命である。汝《なんじ》熊襲二人、国に伏《したが》わず。礼無し。それ故、汝《なんじ》を討てと遣《つか》わされた」

と答えました。

すると、熊曽建は、

「我等が支配するこの国に、我等二人ほどの強力者《ちからびと》はいない。吾《われ》は今まで皇子のごとき勇者に出会ったことがない。賤《いや》しき身ではあるが、そなたにわが名タケルをたてまつらむと思う。許していただけるか」

と言います。小碓命は

「許す」

と答えて、熊曽建にとどめをさしました。

これにより西州《にしのくに》はしずまり、小碓命は武《タケル》の一字をとり日本武尊《ヤマトタケルノミコト》の名で天下に知られるようになるのです。

日本武尊、神剣・草薙剣に守られました

大和に帰り大君に報告をすませた日本武尊《ヤマトタケルノミコト》を待っていたのは、東の国の従わぬ賊《ぞく》を退治せよという新たな命令《みことのり》でした。

日本武尊は熊襲《くまそ》を討った疲れを休める間もなく、少ない軍勢でふたたび旅立たねばなりません。

このときも伊勢神宮におもむき、武運を祈り神に仕え

ていた倭姫命《ヤマトヒメノミコト》のもとにいき、ふたたび出された過酷な命令と心の苦しみを訴えます。

倭姫命は、日本武尊に剣《つるぎ》と小さな袋を渡し、

「この剣は天叢雲剣《あめのむらくものつるぎ》という尊《とうと》い剣です。この剣のある所、日の大神が必ずあなたをお守りくださるでしょう。またこの袋はまさかのときにひらいてごらんなさい。そしていかなるときも身をつつしんでつとめなさい」

と言って励まされました。

日本武尊が、尾張《おわり》（愛知）から常陸《ひたち》（茨城）まできたとき、日本武尊の一行に追いついた美しい姫（后《きさき》）がい

日本武尊は欺かれて、火に囲まれてしまいます

ました。

弟橘姫《オトタチバナヒメ》です。

姫の同行に力をえた日本武尊は、出会う人ごとに徳をもって接し、言葉をつくして和平《わ》していきました。

二人が駿河《するが》（静岡）に着いたとき、その国造《くにのみやつこ》（地方長官）は偽って、

「この野原の中に大きな沼があり、恐しい魔物《まもの》がすんでいます。尊《ミコト》の力をもって退治してください」

とたのみました。

日本武尊がその野中に入っていくと、国造はその野に

火をつけて日本武尊を焼き殺そうとしたのです。

欺《あざむ》かれたと知った日本武尊が、倭姫命から渡された袋の口を解きあけてみると、その中に火打石《ひうちいし》がありました。日本武尊はまず天叢雲剣で周囲の草を刈り払い、火打石で火をつけると向火《むかえび》をおこして脱出したのです。そして、天叢雲剣で国造たちを切り滅ぼしました。

それよりその剣は、草薙剣《くさなぎのつるぎ》とも呼ばれるようになったのです。

蝦夷征討――東の国神、争うことなく降伏

日本武尊は、さらに進んで相模《さがみ》（神奈川）から上総《かみふさ》（千葉）に向かいます。

走水《はしみず》の海（東京湾の浦賀水道）を渡るとき、

「なんて小さな海だろう。ひとっとびにとびこせそう」

と馬鹿にしたところ、海峡《わたり》の神のお怒りはすさまじく、

空はかきくもり、はげしい雨風のために波は大きく荒れ

て船はゆれはじめました。
このとき、弟橘姫《オトタチバナヒメ》は、
「私はあなたにかわって海に身を投《な》げ、神の怒りをしずめます。どうかあなたは、父王《ちちきみ》から命じられた任務《つとめ》を立派になしとげてください」
と言いきって
「さねさし　相模《さがみ》の小野《おぬ》にもゆる火の　火中《ほなか》に立ちてとひし君はも（相模野に燃える火の　その中に立って
わたしの身を案じて名を呼んでくださった　やさしい君よ）」

と歌い、海に身をおどらせました。

弟橘姫が波間にのまれていくと、大波はおだやかにしずまり、船は岸べに着くことができました。七日の後、后《きさき》の櫛《くし》が浜辺に流れ着くと、日本武尊はその櫛をとり御陵《みはか》をつくって后の死を悼みました。

日本武尊一行は、さらに上総より蝦夷《えぞ》の地（東北）まで軍を進めます。蝦夷《えみし》の国神《クニツカミ》たちは、鏡をつけた日本武尊の軍船《みふね》の威勢《いきおい》と日本武尊の人倫にすぐれた人柄をみて、争うことなく朝廷に伏しました。

「吾妻はや」（わが妻よ）——亡き后を嘆く日本武尊

帰途についた日本武尊が、甲斐《かい》（山梨）より武蔵《むさし》（東京・埼玉）を経て碓日峠《うすいとうげ》に立つと、はるかに弟橘姫《オトタチバナヒメ》をのみこんだ走水《はしみず》の海がみえました。

日本武尊はあらためて弟橘姫を偲《しの》び、

「吾妻《あづま》はや」（わが妻よ）

と三度《みたび》名を呼んで嘆かれました。それよりこれらの地は東《あづま》のくにと呼ばれるようになりました。

日本武尊は、尾張《おわり》の国に入り、その地で待っていた美夜受姫《ミヤズヒメ》から、伊吹《いぶき》の山に棲《す》み災《わざわ》いをまき散らす神の話を聞きます。

身を守るべき剣を館《やかた》においたままお出かけになったところ、山の神の化身である白い猪《いのしし》の祟《たた》りで気を失って倒れてしまいます。ようやく山を降りて泉の冷い水を飲《ほ》し、顔を冷やすと正気をとりもどされました。

このとき、尊《ミコト》は初めてわが身を病んでいることを知ったのです。

ようやく立ち直った尊は尾張の国に帰ったものの、美夜受姫の家には寄らず、伊勢《いせ》にうつり尾津《おづ》の浜に着かれました。

このとき、一《ひとふり》の剣を松の下に置き忘れて立ち去りましたが、ひきかえすと剣は失《う》せることなくそのままに立てかけてありました。それをみて尊は、

「尾張にただに向かえる　ひとつ松　人にありせば　衣《きぬ》着せましを　太刀《たち》はけましを」

とお歌いになります。そこからまた足をひきずるようにして、能煩野《のぼの》という所につきましたが、すでに身体の

痛みはひどくなっていました。

思えば天神《アマツカミ》の恩をいただき、父王の御言《みこと》を受けて、そむくものを罪になし、荒ぶる神を言向《ことむ》け和《やわ》してきたわけです。いずれの日か大和《やまと》の国に帰り、天朝《みかど》に復命せむと願いつつも、今は足が少しも前に進みません。

大空を自由に飛び、軽々と山を越えていく鳥たちが羨《うらや》しく思えました。

尊の足はすでに三重《みえ》にまがり、疲れた身体を引きずって、険しい山道を杖《つえ》つきながら歩き、ようやく美濃国《みののくに》(岐阜の一部)に入ると、ほっと安堵の息をついたのです。

日本武尊の死――最期は白鳥となり、大和の空へ

ここまでくれば倭姫命《ヤマトヒメノミコト》の住む伊勢《いせ》も大和《やまと》も近いというのに、日本武尊《ヤマトタケルノミコト》はすでに動くこともできなくなっていました。

野に伏したまま、なつかしい大和の国をしのんで歌われます。

「大和《やまと》は　国のまほろば　たたなづく　青垣山　こもれ

る　やまとしうるわし（大和は国の中心にあり周囲を青い山にかこまれてその中に息づくうるわしい国だ　大和の国は）」

そして長い旅の間、つねに尊《ミコト》の左右にいて苦労を共にした吉備武彦《キビノタケヒコ》や大伴武日連《オオトモノタケヒノムラジ》などお供の人たちを思って歌われます。

「命《いのち》の　またけむ人は　たたみこも　平群《へぐり》の山の　くまがしが葉を　うずにさせ　その子（おまえたち　ともにたたかってきた者よ　命あって大和の国に帰ることができたら　平群の山の　美しいかしの葉を頭にかざし　楽

しく生きてくれ　家来たちよ）」

そして、なつかしい我家のあたりから雲がたちはじめるのがみえましたが、このとき、病はにわかに重くなってゆきました。そして

「おとめの　床《とこ》の辺《べ》に　わがおきし　剣《つるぎ》の太刀《たち》　その太刀はや（うるわしいおとめのもとにわたしがおいてきた太刀よ　大切な太刀よ　どうなったであろうか）」

と歌い終るなり、息絶えてしまわれたのです。

従者の報《しら》せを受けて、かけつけた大和の后《きさき》や御子等は御陵《みはか》をつくり、傍《そば》の田に腹ばいになり土をつかんでお哭《な》

きになりました。

すると、日本武尊は八尋《やひろ》もある大きな白い鳥となって、御陵を飛び立ち海辺に向かって飛んでいったのです。后とその御子たちはおどろいて、足の痛みも忘れて鳥のあとを追いかけられました。

やがて、白鳥は波の上を飛び、青空を翔《か》けりて河内国《かわちのくに》（大阪の一部）の志幾《しき》にきてようやく翼を休めたと言います。

小碓命《オウスノミコト》への父としての愛をしのんで、厳しい使命を与えた大君《おおきみ》も日本武尊の死を嘆きかなしみ、ここに御陵《みささぎ》をつくられました。

しかし、白鳥はそこよりさらに天翔り、大和の国の空高く飛び去っていったと言われています。

ときに日本武尊の御年《みとし》は、三十歳でありました。

〈著者略歴〉

後藤俊彦（ごとう・としひこ）

昭和20年宮崎県高千穂町生まれ。43年九州産業大学商学部卒業後、参議院議員秘書となる。國學院大學神道学専攻科並びに日本大学今泉研究所を卒業し、56年高千穂神社禰宜を経て宮司に就任。同神社に伝わる国指定重要無形民俗文化財「高千穂夜神楽」のヨーロッパ公演を二度にわたって実現。62年神道文化奨励賞受賞。神道政治連盟副会長、高千穂町観光協会会長などを歴任。令和3年神社本庁より神社界最高位の「長老」を授与される。著書に『神と神楽の森に生きる』（春秋社）など。

日本人なら知っておきたい日本の神話九選

令和七年四月二十五日第一刷発行

著　者　後藤　俊彦

発行者　藤尾　秀昭

発行所　致知出版社

〒150-0001東京都渋谷区神宮前四の二十四の九

TEL（〇三）三七九六―二一一一

印刷・製本　中央精版印刷

落丁・乱丁はお取替え致します。　（検印廃止）

ISBN978-4-8009-1328-9 C0095

ホームページ　http://www.chichi.co.jp

Eメール　books@chichi.co.jp